# L'allemand

## à l'école

### Identité / *Personalien*

| | |
|---|---|
| Qui es tu ? | **Wer bist du?** |
| Je suis… | **Ich bin ...** |
| Quel âge as-tu ? | **Wie alt bist du?** |
| Quel est ton nom ? | **Wie heißt du?** |
| Je m'appelle… | **Ich heiße ...** |
| Peux-tu l'épeler ? | **Kannst du das buchstabieren?** |
| Oui bien sûr ! | **Ja natürlich!** |
| Quelle est ton adresse ? | **Wie ist deine Adresse?** |

| | |
|---|---|
| J'habite là… | **Ich wohne ...** |
| Tu es né où ? | **Wo bist du geboren?** |
| Ton anniversaire c'est quand ? | **Wann hast du Geburtstag?** |
| Repose-toi bien! | **Erhol dich gut!** |
| Bonne fête ! | **Alles Gute zum Namenstag!** |
| Prends soin de toi ! | **Pass auf dich auf!** |
| Bon courage ! | **Mach's gut!** |

AEDIS

# À la maison / *zu Hause*

| Les repas | die Mahlzeiten |
|---|---|
| le petit déjeuner | **das Frühstück** |
| le déjeuner | **das Mittagessen** |
| le dîner | **das Abendessen** |
| le souper | **das späte Abendessen** |
| le casse croûte | **der Imbiss** |
| les encas | **die Kleinigkeiten zu essen** |

| Manger | Essen |
|---|---|
| se restaurer | **etwas essen** |
| se goinfrer | **sich vollstopfen** |
| se sustenter | **sich stärken** |

| | |
|---|---|
| À boire ! | **Getränke** |
| À manger ! | **Essen** |

| | |
|---|---|
| l'avocat | **die Avocado** |
| l'abricot | **die Aprikose** |
| les biscuits | **die Kekse** |
| le beurre | **die Butter** |
| la carrote | **die Karotte** |
| le fromage | **der Käse** |
| le poulet | **das Hähnchen** |
| les chips | **die Chips** |
| le café | **der Kaffee** |
| les cornflakes | **die Cornflakes** |
| la crème | **die Sahne** |
| les pommes chips | **die Kartoffelchips** |
| la crème anglaise | **die Vanillecreme** |
| la pâtée pour chiens | **das Hundefutter** |
| le beignet | **der Berliner** |
| le poisson | **der Fisch** |
| les frites | **die Pommes frites** |
| l'eau gazeuse | **das Mineralwasser** |
| les cuisses de grenouille | **die Froschschenkel** |
| les fruits | **das Obst** |
| le pain d'épices | **der Lebkuchen** |
| le pamplemousse | **die Grapefruit** |

| | |
|---|---|
| les aliments naturels ou diététiques | **die natürlichen und diätetischen Nahrungsmittel** |
| les plantes médicinales | **die Heilkräuter** |
| la tisane | **der Kräutertee** |
| le hareng | **der Hering** |
| le hot dog | **das, der Hotdog** |
| l'agneau | **das Lamm** |
| le poireau | **der Lauch** |
| la sucette | **der Lutscher** |
| les nouilles | **die Nudeln** |
| la noix | **die Walnuss** |
| les flocons d'avoine | **die Haferflocken** |
| la soupe de queue de bœuf | **die Ochsenschwanzsuppe** |
| la pâté | **die Pastete** |
| le gâteau aux raisins | **der Rosinenkuchen** |
| le petit pain | **das Brötchen** |
| les saucisses | **die Würstchen** |
| le choux de Bruxelles | **der Rosenkohl** |
| le ragoût | **das Ragout** |
| la soupe aux oignons | **die Zwiebelsuppe** |
| les légumes | **das Gemüse** |
| la gaufrette | **die Eiswaffel** |
| la gaufre | **die Waffel** |

As-tu soif ? / **Hast du Durst?**

Que vas-tu manger aujourd'hui ? / **Was isst du heute?**

Que veux-tu manger ensuite ? / **Was willst du danach essen?**

Qu'aimes-tu manger ? / **Was isst du gern?**

Tu veux de la viande ? / **Möchtest du Fleisch?**

Tu préfères des légumes ? / **Magst du lieber Gemüse?**

Qu'aimerais-tu manger ? / **Was würdest du gern essen?**

Je pourrais préparer une pizza aux anchois ! / **Ich könnte eine Pizza mit Sardellen machen.**

Qu'aimes-tu boire ? / **Was trinkst du gern?**

L'eau du robinet est potable. / **Das Leitungswasser ist trinkbar.**

Voudras-tu du jus d'orange ou du jus d'ananas ? / **Möchtest du Orangensaft oder Ananassaft?**

Veux-tu goûter autre chose maintenant? / **Möchtest du jetzt etwas anderes?**

Rien, je suis plein! Merci! / **Nichts. Danke! Ich bin satt.**

# Les oiseaux / *die Vögel*

le merle noir
**die Amsel**

le pivert
**der Grünspecht**

| | | | | | |
|---|---|---|---|---|---|
| le bouvreuil | **der Dompfaff** | la pie | **die Elster** | le moineau | **der Spatz** |
| le pinson | **der Buchfink** | le rossignol | **die Nachtigall** | la cigogne | **der Storch** |
| la fauvette | **die Grasmücke** | la chouette | **die Eule** | l'hirondelle | **die Schwalbe** |
| la corneille | **die Krähe** | la perdrix | **das Rebhuhn** | le cygne | **der Schwan** |
| le coucou | **der Kuckuck** | le faisan | **der Fasan** | la grive | **die Drossel** |
| la colombe | **die Taube** | le corbeau | **der Rabe** | la mésange | **die Meise** |
| l'aigle | **der Adler** | le rouge-gorge | **das Rotkehlchen** | la tourterelle | **die Turteltaube** |
| le faucon | **der Falke** | la mouette | **die Möwe** | la fauvette | **die Grasmücke** |
| le toucan | **der Tukan** | l'alouette | **die Lerche** | le roitelet | **der Zaunkönig** |

le martin-pêcheur
**der Eisvogel**

le chardonneret
**der Distelfink**

# Autres animaux / *andere Tiere*

| | | | | | |
|---|---|---|---|---|---|
| l'écureuil | **das Eichhörnchen** | le hérisson | **der Igel** | la grenouille | **der Frosch** |
| le renard | **der Fuchs** | le rat | **die Ratte** | le têtard | **die Kaulquappe** |
| la souris | **die Maus** | la taupe | **der Maulwurf** | le crapaud | **die Kröte** |

C'est à la ferme que l'on peut voir ces animaux. / **Diese Tiere kann man auf dem Bauernhof sehen.**

les poussins
**die Küken**

le cochon
**das Schwein**

le lapin
**das Kaninchen**

le veau
**das Kalb**

la chèvre
**die Ziege**

Les serpents / **die Schlangen**

| | |
|---|---|
| Avez-vous déjà vu des serpents ? | **Habt ihr schon mal Schlangen gesehen?** |

Les insectes / **die Insekten**

| | |
|---|---|
| Tous les insectes ont six pattes ! | **Alle Insekten haben sechs Beine.** |

Au zoo / **im Zoo**

| | |
|---|---|
| Êtes-vous allez dans un zoo ? | **Seid ihr in den Zoo gegangen?** |

# Ma maison / *mein Haus*

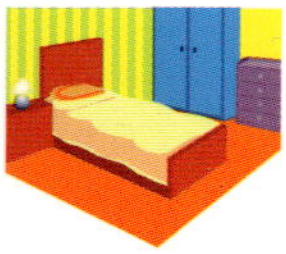

ma chambre
**mein Zimmer**

mes affaires personnelles
**meine persönlichen Sachen**

mon maillot
**mein Trikot**

mes livres
**meine Bücher**

| | |
|---|---|
| Habites-tu une grande maison ? | **Wohnst du in einem großen Haus?** |
| Oui avec un étage et un rez-de-chaussée. | **Ja, mit einem Stockwerk und dem Erdgeschoss.** |
| Peux-tu me donner les dimensions de ta chambre ? | **Kannst du mir sagen, wie groß dein Zimmer ist?** |
| Ma chambre mesure 4 mètres sur 3 environ. | **Mein Zimmer misst etwas vier auf drei Meter.** |
| Avez-vous un jardin, un garage ? | **Habt ihr einen Garten, eine Garage?** |
| Un petit jardin oui, avec beaucoup de fleurs mais nous n'avons pas de voiture. Nous avons une cave. | **Ja, einen kleinen Garten mit vielen Blumen. Aber wir haben kein Auto. Wir haben einen Keller.** |
| Nous avons un chien et un chat ! | **Wir haben einen Hund und eine Katze.** |

| | |
|---|---|
| Où sont rangés les vêtements ? Dans l'armoire ? | **Wo sind die Kleider untergebracht? Im Schrank?** |
| Non, ils sont rangés sur l'étagère. | **Nein, sie sind auf dem Regal untergebracht.** |
| Comment vas-tu t'habiller aujourd'hui s'il fait froid ? | **Was ziehst du heute an, wenn es kalt ist?** |
| J'ai mon manteau en laine qui me tient très chaud ! | **Ich habe meinen Wollmantel, der hält mich gut warm.** |

# Mon arbre généalogique / *mein Stammbaum*

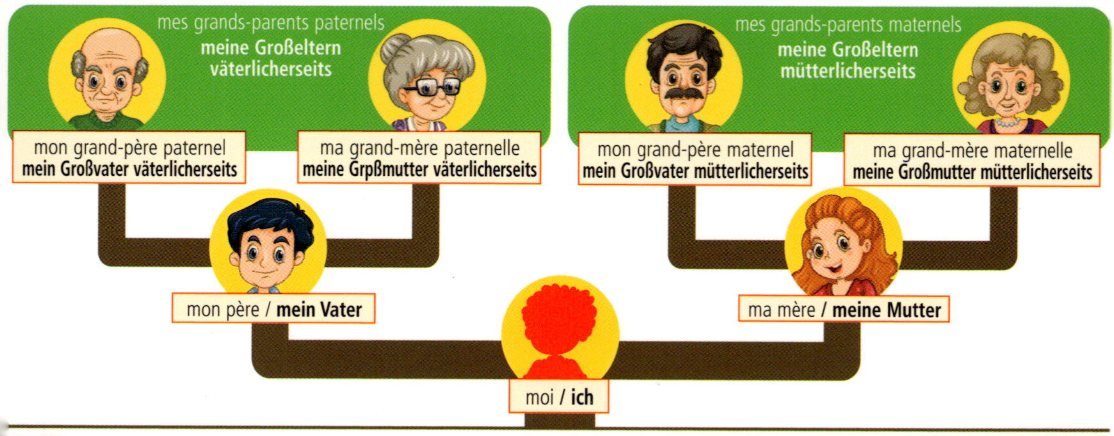


# Les passions / *die Lieblingsbeschäftigungen*

| | |
|---|---|
| Quel est ton passe-temps préféré ? | **Welches Hobby hast du?** |
| Moi je joue du piano et j'aimerai aussi jouer de l'harmonica ! | **Ich spiele Klavier, und ich würde auch gern Mundharmonika spielen.** |
| Je pratique beaucoup de sports différents ; le football, la course à pied, le cheval, le tennis, la natation et il m'arrive de danser le rock and roll. | **Ich treibe viel Sport: Fußball, Joggen, Reiten, Tennis, Schwimmen, und ab und zu tanze ich Rock 'n' Roll.** |
| Je fais aussi du dessin surtout des caricatures et de la peinture ! | **Außerdem male ich, vor allem Karikaturen und Gemälde.** |

un ballon
**ein Ballon**

chaussures de sport
**Sportschuhe**

la musique
**die Musik**

une guitare
**eine Gitarre**

les pinceaux
**die Pinsel**

# Dans mon village / *in meinem Dorf*

| | | |
|---|---|---|
| Il est à 70 km de la mer.<br>**Es liegt 70 km vom Meer entfernt.** | Il est à 800 mètres d'altitude.<br>**Es liegt auf 800 Meter über dem Meeresspiegel.** | Il y a environ 1 200 habitants.<br>**Es gibt ungefähr 1200 Einwohner.** |

| Dans mon village il y a : | **In meinem Dorf gibt es:** |
|---|---|
| Une salle de cinéma | **ein Kino** |
| Une église | **eine Kirche** |
| Une mosquée | **eine Moschee** |
| Une synagogue | **eine Synagoge** |
| Un temple | **eine evangelische Kirche** |
| La mairie | **das Rathaus** |
| Le monuments aux morts | **das Kriegerdenkmal** |
| Une boulangerie | **eine Bäckerei** |
| Une épicerie | **ein Lebensmittelgeschäft** |
| Un marchand de légumes | **einen Gemüsehändler** |

| | |
|---|---|
| Un salon de coiffure | **einen Friseur** |
| Deux écoles | **zwei Schulen** |
| Une boucherie | **eine Fleischerei** |
| Une charcuterie | **ein Fleischerfachgeschäft** |
| Une menuiserie | **eine Schreinerei** |

| | |
|---|---|
| Un garagiste | **eine Autowerkstatt** |
| Un médecin | **einen Arzt** |
| Une infirmière | **eine Krankenschwester** |
| Le maire | **den Bürgermeister** |

| | |
|---|---|
| Pourriez-vous m'indiquer l'épicerie ? | **Könnten Sie mir sagen, wo das Lebensmittelgeschäft ist?** |
| Je n'ai pas trouvé la boulangerie. | **Ich habe die Bäckerei nicht gefunden.** |
| Le boulanger livre le pain à domicile. | **Der Bäcker liefert Brot nach Hause.** |
| Comment s'appelle ton école ? | **Wie heißt deine Schule?** |
| Je n'ai pas vu de gendarmerie ! | **Ich habe keine Polizei gesehen.** |

Les auxiliaires ***sein*, *haben, werden*** sont utilisés pour former les **temps composés.**

| Infinitif | | SEIN | HABEN | WERDEN* |
|---|---|---|---|---|
| Indicatif Présent | *ich* | *bin* | *habe* | *werde* |
| | *du* | *bist* | *hast* | *wirst* |
| | *er, sie, es* | *ist* | *hat* | *wird* |
| | *wir* | *sind* | *haben* | *werden* |
| | *ihr* | *seid* | *habt* | *werdet* |
| | *sie / Sie (forme de politesse)* | *sind* | *haben* | *werden* |
| Impératif singulier | | *sei* | *hab(e)* | *werd(e)* |
| Impératif 1re personne pluriel | | *seien wir* | *haben wir* | *werden wir* |
| Impératif 2e personne pluriel | | *seid* | *habt* | *werdet* |
| Impératif forme de politesse | | *seien Sie* | *haben Sie* | *werden Sie* |
| Prétérit | *ich* | *war* | *hatte* | *wurde* |
| | *du* | *warst* | *hattest* | *wurdest* |
| | *er, sie, es* | *war* | *hatte* | *wurde* |
| | *wir* | *waren* | *hatten* | *wurden* |
| | *ihr* | *war(e)t* | *hattet* | *wurdet* |
| | *sie / Sie* | *waren* | *hatte* | *wurden* |
| Participe II | | *gewesen* | *gehabt* | *geworden / worden* (voir passif |

**Le verbe **werden** suivi d'un attribut du sujet correspond au verbe français **devenir** (ex. : Il est devenu plus gentil. = Er ist netter **geworden**.)*

## Le système solaire / *das Sonnensystem*

Il y a 8 planètes dans le système solaire. Elles gravitent autour d'une étoile : le Soleil

**Es gibt 8 Planeten im Sonnensystem. Sie drehen sich um einen Stern: die Sonne.**

## À l'école / *in der Schule*

À l'école, c'est Suzana qui lève la main en premier.

**In der Schule hebt Suzana als Erste die Hand.**

Mon cartable est très lourd.

**Mein Ranzen ist sehr schwer.**

La maîtresse a affiché les plus beaux dessins.

**Die Lehrerin hat die schönsten Zeichnungen aufgehängt.**

Le cahier de Hans est tout écorné.

**Das Heft von Hans hat lauter Eselsohren.**

J'ai mis tous les crayons de couleur dans ma trousse.

**Ich habe alle Buntstifte in mein Mäppchen getan.**

## Les années, les mois, la lune, la semaine / *die Jahre, die Monate, der Mond, die Woche*

Dans une année, il y a 12 mois.

**Ein Jahr hat 12 Monate.**

Dans un mois, il y a 30 ou 31 jours.

**Ein Monat hat 30 oder 31 Tage.**

Février a 28 jours (29 les années bissextiles).

**Der Februar hat 28 Tage (29 in Schaltjahren).**

Je reconnais les mois de 30 jours ou moins et ceux de 31 jours en suivant les creux et les bosses de la main.

**Ich zähle die Monate mit 30 und weniger Tagen und denen mit 31 Tagen an den Knöcheln und den Vertiefungen der Faust ab.**

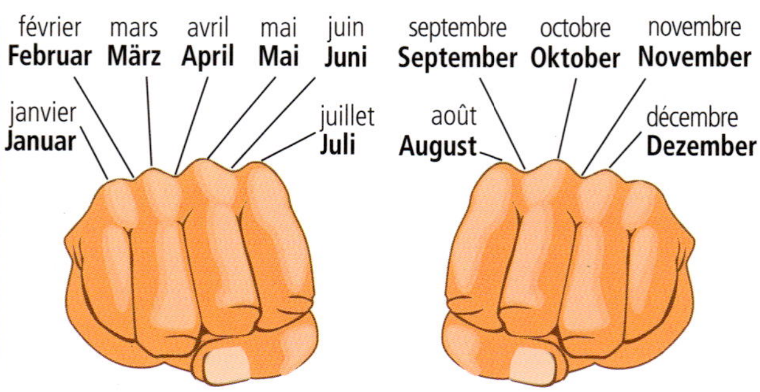


| La semaine | die Woche |
|---|---|
| lundi | **Montag** |
| mardi | **Dienstag** |
| mercredi | **Mittwoch** |
| jeudi | **Donnerstag** |
| vendredi | **Freitag** |
| samedi | **Samstag** |
| dimanche | **Sonntag** |

## Le corps humain / *der menschliche Körper*

## Les chiffres / *die Zahlen*

un / **eins**
deux / **zwei**
trois / **drei**
quatre / **vier**
cinq / **fünf**
six / **sechs**
sept / **sieben**
huit / **acht**
neuf / **neun**
dix / **zehn**
onze / **elf**
douze / **zwölf**
treize / **dreizehn**
quatorze / **vierzehn**
quinze / **fünfzehn**
seize / **sechzehn**
vingt / **zwanzig**
vingt et un / **einundzwanzig**
cinquante / **fünfzig**
cent / **hundert**
cent un / **hunderteins**
cinq cents / **fünfhundert**
mille / **tausend**

## Proverbes / *Sprichwörter*

Il n'y a pas de fumée sans feu / **Wo gehobelt wird, da fallen Späne**

Le monde appartient à celui qui se lève tôt / **Morgenstund' hat Gold im Mund'**

Tel père, tel fils / **Wie der Vater, so der Sohn**

Tous les chemins mènent à Rome / **Alle Wege führen nach Rom.**

## Exclamations / *Ausrufe*

| | |
|---|---|
| Salut ! | **Hallo!** |
| Content de te voir ! | **Schön, dich zu sehen!** |
| Tu plaisantes ! | **Du machst Witze!** |
| C'est dégoûtant ! | **Das ist ja scheußlich!** |
| Quelle malchance ! | **So ein Pech!** |
| C'est fou ! | **Das ist verrückt!** |
| Relax ! | **Immer mit der Ruhe!** |
| C'est dommage ! | **Das ist schade!** |
| À propos ! | **Übrigens!** |

## Quelques plantes, fruits, arbres et fleurs / *einige Pflanzen, Früchte, Bäume und Blumen*

| | | | |
|---|---|---|---|
| le platane | **die Platane** | la capucine | **die Kapuzinerkresse** |
| le pommier | **der Apfelbaum** | le chêne | **die Eiche** |
| le bouleau | **die Birke** | l'œillet | **die Nelke** |
| la fleur de l'arbre | **die Baumblüte** | le prunier | **der Pflaumenbaum** |
| les bourgeons | **die Knospen** | le coquelicot | **der Klatschmohn** |
| la branche | **der Ast** | le coing | **die Quitte** |
| le cerisier | **der Kirschbaum** | l'ananas | **die Ananas** |
| l'ébène | **das Ebenholz** | l'ortie | **die Brennnessel** |
| l'aubépine | **der Weißdorn** | les tomates | **die Tomaten** |
| le lierre | **der Efeu** | les courgettes | **die Zucchini** |
| le jujube | **die Brustbeere** | le persil | **die Petersilie** |
| l'abricotier | **der Aprikosenbaum** | le noyer | **der Nussbaum** |
| l'érable | **der Ahorn** | les paquerettes | **die Gänseblümchen** |
| le souci | **die Ringelblume** | les feuilles | **die Blätter** |

la jonquille
**die Osterglocke**

la framboise
**die Himbeere**

le basilic
**das Basikikun**

les haricots
**die Bohnen**

la fraise
**die Erdbeere**

le bouton d'or
**die Butterblum**

## Les formes et les couleurs / *Formen und Farben*

| carré | triangle | cercle | rectangle | sphère | cylindre |
|---|---|---|---|---|---|
| **Quadrat** | **Dreieck** | **Kreis** | **Rechteck** | **Kugel** | **Zylinder** |

Aujourd'hui, nous avons appris les différentes formes géométriques.
**Heute haben wir die verschiedenen geometrischen Formmen gelernt.**

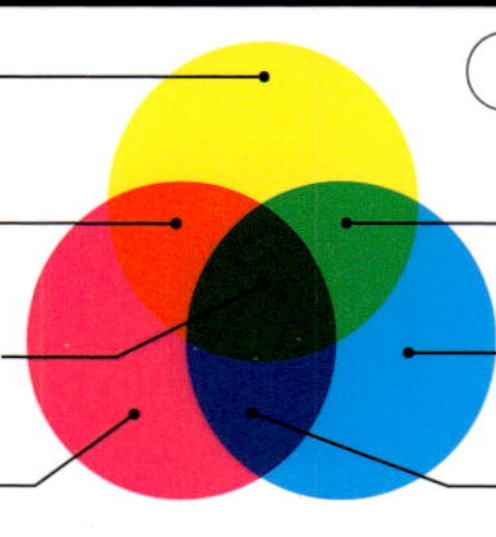

## Quelques formules de politesse à savoir / *einige nützliche höfliche Wendungen*

| | | | |
|---|---|---|---|
| Bonjour | **Guten Tag!** | Veuillez m'excuser | **Bitte entschuldigen Sie!** |
| Bonsoir | **Guten Abend!** | Je vous en prie ! | **Danke, gern geschehen!** |
| Bonne nuit | **Gute Nacht!** | Après vous ! | **Nach Ihnen!** |
| Au revoir | **Auf Wiedersehen!** | Je vous remercie ! | **Vielen Dank!** |
| À demain | **Bis morgen!** | Pardon | **Entschuldigung** |



## Les droits de l'enfant / *die Rechte des Kindes*

I Droit à l'égalité, sans distinction de race, de religion ou de nationalité.

II Droit à une attention particulière pour son développement physique, mental et social.

III Droit à un nom et à une nationalité.

IV Droit à une alimentation, à un logement et à des soins médicaux appropriés.

V Droit à une éducation et à des soins spéciaux quand il est handicapé mentalement ou physiquement.

VI Droit à la compréhension et à l'amour des parents et de la société.

VII Droit à l'éducation gratuite et aux activités récréatives.

VIII Droit aux secours prioritaires en toutes circonstances.

IX Droit à une protection contre toute forme de cruauté, de négligence et d'exploitation.

X Droit à la formation dans un esprit de solidarité, de compréhension, d'amitié et de justice entre les peuples.

**I Das Recht auf Gleichheit ohne Ansehen der Rasse, der Religion oder der Staatsangehörigkeit.**

**II Das Recht auf besondere Förderung seiner körperlichen, geistigen und sozialen Entwicklung.**

**III Das Recht auf einen Namen und eine Staatsangehörigkeit.**

**IV Das Recht auf Ernährung, Wohnung und geeignete medizinische Versorgung.**

**V Das Recht auf Bildung und spezielle Fürsorge bei geistiger oder körperlicher Behinderung.**

**VI Das Recht auf Verständnis und Liebe der Eltern und der Gesellschaft.**

**VII Das Recht auf kostenlose Schulbildung und auf Freizeitaktivitäten.**

**VIII Das Recht auf vorrangige Hilfe in allen Lebenslagen.**

**IX Das Recht auf Schutz gegen jede Form von Grausamkeit, Vernachlässigung und Ausbeutung.**

**X Das Recht auf Ausbildung in einem Klima der Solidarität, des Verständnisses, der Freundschaft und der Gerechtigkeit unter Völkern.**

## Sensations et sentiments... / *Empfindungen und Gefühle...*

| | |
|---|---|
| J'ai faim. | **Ich habe Hunger.** |
| J'ai soif. | **Ich habe Durst.** |
| J'ai froid. | **Mir ist kalt.** |
| J'ai chaud / très chaud / trop chaud. | **Mir ist warm / sehr warm / zu heiß.** |
| Je ne me sens pas bien. | **Ich fühle mich nicht gut.** |
| Je t'aime. | **Ich liebe dich.** |
| Je te hais. | **Ich hasse dich.** |
| Je ne supporte pas cela. | **Das ertrage ich nicht.** |
| Cette chaleur est insupportable. | **Die Hitze ist unerträglich.** |
| Je me sens seul. | **Ich fühle mich allein.** |
| J'ai le blues. | **Ich habe einen Moralischen.** |
| Je suis en pleine forme ! | **Ich bin in Höchstform!** |
| Il est très gai / très heureux. | **Er ist sehr fröhlich / glücklich.** |
| Je suis triste / désespéré. | **Ich bin traurig / verzweifelt.** |

ISBN 978-2-84259-126-7

9 782842 591267

) AEDIS éditions 03200 VICHY www.aedis-editions.fr
exte : Henri Medori - Traduction : Veronika Schnorr / Friederike Spitzl-Dupic
ustrations : Rémi Brugière, © Matthew Cole - Fotolia.com (personnages)
épôt légal : 2e trimestre 2015
RINTED IN FRANCE